DU
PROJET DE RÉDUCTION
DES RENTES FRANÇAISES.

PARIS, DE L'IMPRIMERIE D'A. ÉGRON,
rue des Noyers, no 37.

DU PROJET
DE RÉDUCTION
DES RENTES FRANÇAISES,

OU L'ON DÉMONTRE QUE CETTE MESURE N'EST NI LÉGALE, NI PROFITABLE, NI NÉCESSAIRE;

SUIVI

D'un Plan de dégrèvement de soixante millions par an sur les contributions, et de la création d'un fonds destiné à fermer les dernières plaies de la révolution.

PAR M. P. PÉLEGRIN.

Comme la foi publique ne peut manquer à un certain nombre de citoyens, sans paraître manquer à tous; comme la classe des créanciers de l'Etat est toujours la plus exposée aux projets des ministres, et qu'elle est toujours [sou]s les yeux et sous la main, il faut que l'Etat lui [acc]orde une singulière protection, et que la partie dé[bit]rice n'ait jamais le moindre avantage sur celle qui [est] créancière.

MONTESQUIEU, *Esprit des Lois*, liv. XXII, ch. 18.

A PARIS,

CHEZ DELAUNAY, LIBRAIRE, AU PALAIS-ROYAL, ET CHEZ TOUS LES MARCHANDS DE NOUVEAUTÉS.

Avril 1824.

DU
PROJET DE RÉDUCTION
DES RENTES FRANÇAISES.

INTRODUCTION.

La France est heureuse et paisible, et cette légère agitation, qu'excitent toujours des élections
générales, s'est dissipée avec la cause qui l'avait
produite. La paix au dehors, l'ordre et l'abondance dans l'intérieur; une amélioration toujours
croissante dans les divers services publics; et,
par-dessus tout, des finances si brillantes et une
réputation de crédit si affermie, que l'Europe en
admire le prodige fondé sur la double cause de
la réalité des ressources et de l'exemple d'une
fidélité scrupuleuse : tel est le spectacle de notre
position après tant d'époques de révolution, de
calamités et de pénurie.

La vérité de ce tableau est positive, et la conviction de sa réalité dans tous les cœurs : aussi l'attente du discours du trône, au renouvellement des Chambres, était une impatience patriotique d'entendre confirmer et proclamer ces brillans résultats de la bouche même du monarque qui les a produits.

Cette attente n'a pas été trompée, et la France a tressailli d'allégresse aux paroles d'un roi auteur de tant de biens; mais, ô surprise! la capitale est dans le deuil et deux cent mille familles dans l'affliction ! et ce signal, cette époque de joie et de reconnaissance en est une d'inquiétudes, et l'annonce d'un désastre prochain pour tant de familles les plus dévouées au gouvernement, et, on peut le dire, celles qui ont le plus contribué, de leurs bourses et par leur confiance, à cet état prospère dont on se félicite à si justes titres.

Lorsque, naguère, le gouvernement, adoptant des principes rigides, reconnaissait des dettes immenses (1), susceptibles de contradiction, et que, dans un temps hérissé de difficultés et de charges, il remplissait néanmoins, avec une inaltérable fidélité et une ponctualité remarquable, des engagemens sacrés mais onéreux; devait-on s'atten-

____

(1) La dette arriérée soldée, intérêt et capital, en reconnaissances de liquidation, ou inscrite sur le Grand-Livre.

dre que l'époque de la plus haute prospérité de ses finances et de ses ressources serait précisément celle d'une déception évidente, d'une réduction dans les rentes, d'une opération tortueuse qui, de quelque forme qu'on la revête, de quelque prétexte qu'on la colore, n'en paraît pas moins ce qu'elle est réellement, une infidélité déguisée à l'aide d'un choix insidieux entre un remboursement intempestif et embarrassant, et une réduction onéreuse et illégitime.

Telles sont les réflexions douloureuses qui sont venues à l'esprit des citoyens, au son de ces paroles royales.

« Des mesures sont prises pour assurer le rem-
« boursement du capital des rentes créées par
« l'Etat dans des temps moins favorables, ou
« pour obtenir leur conversion en des titres dont
« l'intérêt soit plus d'accord avec celui des autres
« transactions. »

Une surprise mêlée d'inquiétude se manifeste aussitôt. Les citoyens s'abordent, s'interrogent et se communiquent la crainte qui les tourmente. On se demande ce que signifient ces mesures d'un si fâcheux pronostic, et ce qu'on en infère de plus positif, c'est que les rentiers de l'Etat se verront forcés de recevoir un remboursement illégal et imprévu, si mieux ils n'aiment souffrir telle réduction sur leur revenu qu'il plaira aux agioteurs financiers de l'Europe de faire goûter à un ministère de bonne foi mais séduit. Le journal officiel n'a pas tardé de confirmer ces pressentimens, et il a publié, en même temps, le mécanisme du projet de la réduction, en l'accompagnant, comme un manifeste, de quelques raisons propres à la justifier.

Ce projet consiste à réduire à quatre pour cent les rentes actuelles dites cinq pour cent consolidés, et cela par le moyen d'une nouvelle création de rentes à trois pour cent, soumissionnées déjà par divers banquiers au cours de 75. Lesquels trois pour cent seraient remis en remplacement aux titulaires actuels des cinq pour cent, jusqu'à concurrence de quatre pour cent, sauf leur remboursement, en cas de refus, sur le pied de 100 fr. pour 5 francs de rente.

Les nouvelles inscriptions éleveraient donc à 133 f. 33 c., au lieu de 100, le capital donné en échange des anciennes. On voit donc que le gouvernement diminuerait le service des intérêts, mais se déclarerait débiteur d'un surplus de capital, sur 2,800,000,000
actuels restans (1) de neuf cent trente-trois millions trois cent trente-trois mille francs 933,333,000
Total du nouveau capital que devrait le Gouvernement 3,733,333,000

Les divers établissemens publics , tels que les communes , les majorats , la Légion-d'Honneur, les monts-de-piété et les hôpitaux , seraient exceptés de cette mesure, et cette exception est un aveu formel de son illégalité.

Dans cette conjoncture, et en attendant qu'une discussion solennelle, à ce sujet, s'engage aux Chambres où le projet de loi devra être porté, nous croyons devoir en faire l'objet d'un examen réfléchi.

Nous pensons que cette mesure est illégale ; déviatoire des principes de crédit public et funeste pour les particuliers, sans être nécessaire au gouvernement , et qu'il est possible de soulager, dès-à présent , les contribuables de soixante millions par an, sans retarder sensiblement la libération de l'Etat et sans différer de fermer les dernières plaies de la révolution.

C'est sous les deux premiers aspects que nous examinerons la mesure proposée. Le troisième

---

acquises par la Caisse d'amortissement, de 164 millions, sur quoi à déduire encore 24 millions de rentes appartenant à divers établissemens exceptés du projet de réduction, reste 140 millions de rentes, formant le susdit capital de 2 milliards 800 millions.

est l'exposé d'une meilleure combinaison, et comme le correctif et l'équivalent du projet ministériel : ce sera le sujet de trois chapitres, et la division de cet opuscule.

CHAPITRE PREMIER.

Où l'on prouve que la rente cinq pour cent consolidés n'est pas remboursable, la Caisse d'amortissement ayant été instituée pour son rachat; et que, par conséquent, la réduction est illégale.

***

Le projet de réduire les créanciers de l'Etat à quatre pour cent au lieu de cinq qui leur sont légitimemeut dus, est susceptible d'être considéré et attaqué sous beaucoup de rapports qui se rattachent à l'économie politique, au véritable intérêt de l'Etat et aux égards dus à une foule de particuliers. Mais la principale question à résoudre dans un sujet d'une aussi grande importance, et dont l'exemple ne s'est pas encore présenté en France sous le même aspect, est celle de sa légalité : car c'est là la base fondamentale de ce projet, et cette base une fois renversée, on conçoit que les autres raisons d'utilité publique, sans être superflues, deviennent seulement secondaires, et ne font qu'ajouter une nouvelle force et d'autres motifs à une solution rigoureuse et sans réplique.

C'est donc par la question de sa légalité que

nous entrerons dans la discussion de cette mesure, et le ministère lui-même, le défenseur naturel de ce projet désastreux, par l'organe du *Moniteur*, s'est empressé de l'aborder, mais sans l'éclaircir, et il a présenté comme décidé ce qu'on ne s'est pas donné le temps d'exposer (1).

En effet, le journal officiel, en présentant au public les motifs et le mécanisme de ce projet de réduction des rentes, allant au-devant de l'objection, se demande si les 5 pour 100 sont remboursables, et il s'empresse de se prononcer pour l'affirmative sur cette disposition du Code Civil « que toute rente perpétuelle est essentiellement « rachetable ; » et citant, à l'appui de son système, l'article 1911 du Code, sans se demander si la loi civile est applicable au cas présent, il se dispense ou fait semblant d'être dispensé de donner une plus ample justification d'un droit rigoureux dont il s'arroge le bénéfice.

On est surpris qu'un écrit émané de si haut ne soit pas entré dans plus de développemens, et n'ait pas fortifié de plus de preuves une assertion aussi tranchante ; mais c'est que plus de lumière aurait présenté la discussion sous un autre jour, et on a cru prudent de la faire considérer comme

------

(1) *Moniteur* du 26 mars.

terminée, tandis qu'elle n'était pas même commencée.

Car avant de se donner le bénéfice du droit commun, il fallait décider s'il était applicable au cas dont il s'agit ; et comme avant de juger, soit les hommes, soit les choses, il est nécessaire d'être d'accord sur la compétence, de même, dans la discussion d'un droit exorbitant de gouvernement à particuliers, il faut, préalablement, juger sous l'empire de quelle loi on se trouvera, « afin, » dit Montesquieu, « *de ne pas décider par les règles* « *du droit civil les affaires qu'il s'agit de décider* « *par celles du droit politique* (1). »

Le grand homme auquel nous venons d'emprunter cette maxime, définit les choses qui sont du domaine de la loi politique et celles qui sont du domaine de la loi civile. Nous dirons, d'une manière plus générale, que toute relation du Gouvernement aux citoyens, et tout ce qui intéresse l'Etat sont du domaine de la loi politique, et que tout ce qui règle les rapports des citoyens entr'eux, est du domaine de la loi civile, en reconnaissant, néanmoins, qu'un gouvernement devient, dans de certains cas, individu lui-même ; ainsi, quand le Gouvernement m'impose une contribution ou

---

(1) Montesquieu, *Esprit des Lois*, liv. XXVI, chap. 1er.

m'appelle au service militaire, je suis sous l'empire d'un droit politique, parce que c'est en vertu de ce droit qu'il m'impose des obligations partagées avec d'autres, rangés dans la même catégorie. Mais quand le Gouvernement fait librement un marché particulier avec moi, nous sommes alors, tous les deux, sous l'empire d'une loi civile. Dans le premier cas, le Gouvernement agit comme prince ou souverain; dans le second, comme individu, et, dans celui-ci, les contractans sont passibles des tribunaux.

Nous examinerons plus particulièrement le caractère de la loi politique et celui de la loi civile relativement au cas dont il s'agit.

On voit déjà qu'il y a entr'elles une différence essentielle qui ne permet pas de les confondre, et qui oblige même de les distinguer, avant d'en déterminer l'application.

Ce que le journal officiel n'a pas fait, nous allons tâcher de l'exposer avec bonne foi. On sent déjà qu'il est de toute justice de savoir sous quelle loi civile ou politique on se placera. C'est une nécessité incontestable que cette détermination.

Cherchons donc si une de ces deux lois nous est particulière.

Vous vous donnez le bénéfice de la loi civile qui permet le rachat. Nous allons prouver, puisqu'il y en a une autre, que celle-là ne vous est

pas applicable, et que c'est seulement, exclusive-
ment la loi politique qui doit juger cette importante difficulté. On a déjà vu que le caractère de
la loi civile ne se rapporte qu'à la relation de
citoyens à citoyens : c'est d'abord une présomp-
tion bien forte contre l'application qu'on en vou-
drait faire au cas présent, où il s'agit d'un contrat
tacite entre le Gouvernement et un immense
nombre de particuliers.

Exposons cette loi civile, afin de nous pénétrer
de plus en plus qu'elle ne se rapporte aucunement
à l'acte politique qui a lié le Gouvernement et ses
créanciers.

La loi civile soumet les rentes perpétuelles au
rachat ; mais le prêteur peut stipuler un délai de
dix ans avant qu'il ait lieu.

La loi civile veut qu'on détermine le capital, et
le remboursement a lieu si l'emprunteur refuse
les sûretés convenables.

La loi civile proscrit l'usure ; c'est-à-dire qu'elle
prohibe tout intérêt excédant le taux légal déterminé par la loi.

Elle exige que la convention soit passée devant
un officier public, ou l'acte écrit par les parties,
ou la somme du moins répétée et écrite en entier
par le débiteur.

Enfin, la loi civile veut qu'on détermine l'époque
de la dissolution du contrat, investit chaque par-

tie du droit d'en invoquer l'exécution, et soumet aux tribunaux les contestations qui en proviendraient.

Or, je le demande à tout homme non prévenu, ce caractère a-t-il quelque rapport à la relation qui existe entre le Gouvernement et ses créanciers? Non, rien dans les emprunts faits par le Gouvernement ne porte l'empreinte de cette loi civile. Non, le contrat de l'Etat avec les rentiers dérive d'une loi politique; il en dérive, parce que le caractère de la loi civile, déterminé ci-dessus, n'a pas la moindre analogie avec celui du contrat institutif des rentes; et vous allez voir que celui-ci est en opposition directe avec la loi civile.

1°. La rente des cinq pour cent consolidés a succédé à une rente dite perpétuelle, et elle n'a point changé de nature en changeant de dénomination, et le mot consolidés (1) prouve qu'elle existera tant qu'elle ne sera pas épuisée par la Caisse d'Amortissement.

C'est donc formellement contraire à la loi civile : première opposition.

____

(1) Le journal officiel s'efforce d'effacer ce caractère de perpétuité, mais à l'aide de la soustraction du mot *consolidés* qu'il passe sous silence; omission d'autant plus remarquable, qu'il a bien soin d'appuyer sur ceux : *cinq pour cent.*

2°. Le capital des rentes n'a point été déterminé dans les diverses négociations qui en ont été faites, mais seulement le montant total en intérêts, et l'époque de leur remboursement ou d'un rachat forcé non-seulement omise, mais exclue formellement de l'acte législatif qui les a créés, puisqu'en déterminant le mode de rachat par l'amortissement journalier, l'Etat se désiste tacitement de la faculté de l'opérer d'une autre manière (1). Or, cette omission de l'époque de remboursement, et cette institution d'un mode de rachat, sont en opposition avec la loi civile.

Deuxième opposition.

3°. L'intérêt de l'argent n'a point été renfermé dans les limites de la loi civile : il est notoire que dans les négociations publiques qui ont été faites de diverses parties de rentes, le taux de l'intérêt a été ostensiblement contracté à 8, 7, 6, 5 $\frac{1}{2}$ pour

---

(1) Le motif d'utilité publique qui se rattache, quoique implicitement, à cette partie de la discussion, est écarté par l'établissement de la Caisse d'amortissement. Le point de vue serait tout autre, sans cette salutaire institution ; car on conçoit que l'Etat ne pourrait pas rester perpétuellement débiteur. Mais avec l'amortissement, l'objection que la rente est rachetable, disparaît. Voilà un point lumineux qu'on ne doit pas perdre de vue.

cent; tous intérêts usuraires ou illégitimes si l'on devait avoir égard à la loi civile. Donc, un semblable contrat sort de son domaine, et ne peut plus être rangé que dans celui d'une loi politique.

Troisième opposition à la loi civile.

4°. Le capital a été laissé vague et sans garantie, exposé aux chances des événemens et à tout le choc des tempêtes politiques (1). Rien n'a été réglé réciproquement pour juger les réclamations des parties; nuls juges ne sauraient en être investis. Cette absence de la justice est formellement contraire au caractère de la loi civile, toujours appliquée ou interprétée par une autorité quelconque.

Quatrième opposition avec la loi civile.

On tracerait bien d'autres oppositions existantes entre le caractère d'un contrat civil et ce caractère indélébile, tout opposé, du contrat politique entre l'Etat et ses créanciers. On le voit; ce sont deux actes qui s'excluent, qui se combattent, qui ne peuvent, en aucune manière, être soumis à l'empire d'une même jurisprudence.

Mais accordons un instant que la loi civile doit être notre règle, l'Etat ne serait pas dans une po-

---

(1) Pour le bénéfice et le danger du capital, cet acte se rapproche du contrat de grosse aventure, ou du contrat aléatoire.

sition plus favorable à sa cause : ce serait devant les tribunaux qu'auraient lieu ces grands débats. Or, j'invoque la conscience et les lumières des ministres eux-mêmes, et je les prie de descendre un instant des hautes fonctions d'hommes d'Etat, et de s'honorer momentanément de l'humble mais intègre caractère de magistrats. Comment prononceront-ils sur ce contrat, mixte alors, participant de la loi civile, quant à ses effets, et de la loi politique, quant à ses exceptions? ne le considéreront-ils pas comme une haute convention particulière à laquelle l'Etat a donné sa sanction par un acte législatif qui, permettant de déroger à l'art. 1911 du code qui veut que la rente perpétuelle soit remboursable; à l'article de la loi du . . . . . qui proscrit l'intérêt usuraire; à tous ceux enfin qui lui sont évidemment contraires, l'a placée sous l'égide d'une loi exceptionnelle; dérogeant à la règle des conditions ordinaires, imposée par le code, mais non à la règle éternelle de l'équité, à la règle essentielle de la justice qui oblige également chaque contractant; règle suprême, sans laquelle, il y aurait contradiction et absence de convention?

Considérée donc comme une convention particulière, soumise aux règles de la justice et de l'équité, pourriez-vous ne pas prononcer qu'elle sortirait son plein et entier effet, ayant déjà reçu surtout, la sanction d'une exécution de dix ans ; en un mot, ayant tout le mérite de la chose jugée ?

Ainsi, nous venons d'écarter la loi civile, ou démontrer que son application ne vous serait pas favorable. Voyons maintenant si la loi politique, en vertu de laquelle existe le contrat des rentes entre le Gouvernement et les particuliers, donne au premier sur les autres, un droit rigoureux, injuste, captieux, subordonné aux caprices du jour ; à un droit spoliateur qui brise violemment l'accord fait solennellement entr'eux, et viole, au profit d'un seul des contractans, une condition fondamentale, constituante, exclusive, sans laquelle l'autre n'aurait pas consenti un acte onéreux dont les avantages ou les inconvéniens ne seraient pas réciproques et balancés.

Ne remontons point jusqu'aux rentes perpétuelles constituées par l'Etat avant la révolution : tout le monde s'accorde sur ce triste point pour n'envisager à l'égard des anciens rentiers, le projet actuel qu'avec horreur. Ne les rappelons que pour faire remarquer que dans leurs diverses créations, le capital avait été formellement exprimé. Ainsi, le Gouvernement empruntait cent, deux cent millions. On voit qu'alors, dans le cas d'un remboursement, il ne donnerait pas matière à contestation ; et ce mode d'emprunter un capital nominatif réel, comme il se pratique toujours en

Angleterre, montre assez la nature des derniers
emprunts du Gouvernement , dans lesquels le
capital (1) est indéterminé, et le remboursement
écarté indéfiniment au moyen du rachat libre
opéré par la Caisse d'amortissement instituée *ad
hoc.* Nous ne devons pas cesser d'appuyer sur
cette considération qui est le point lumineux de
la question.

On ne peut s'en écarter.

Le remboursement n'a jamais été prévu, il est
même formellement exclu, et vous n'avez cessé
de le proclamer. Il y a peu de mois encore, vous
en avez fait la condition tacite d'un énorme emprunt contracté à un taux (2) avantageux pour le
Gouvernement. Certes, à cette époque récente,
le 10 juillet 1823, devait-on s'attendre à cette
offre de remboursement, ou à cette réduction ;

____

(1) C'est une faute, sans doute, que le Gouvernement a
commise, de ne pas négocier un capital au lieu d'un intérêt,
et 300 millions, par exemple, au lieu de 15 millions de
rentes. Cela serait revenu au même, quant au cours, qui, à
57, eût donné également 171 millions en cinq pour cent,
sans le mot *consolidés*, et le porteur aurait connu sa position : son inscription portant, N.... est inscrit pour 50 fr.
de rente au capital de 1000 fr.

(2) Négociation des 23 millions 114,000 francs, au taux
de 89 fr. 55 c. payable en 20 mois.

à un remboursement offert avant même l'émission des nouvelles inscriptions (1)? Ceux qui ont acquis des rentes dans cet emprunt, ne l'ont pas fait pour n'en toucher qu'un seul semestre; et vous-mêmes, aviez-vous, à cette époque, et bien des mois après, la pensée de votre opération? non, sans doute. L'élévation si subite du cours était imprévue, même en décembre dernier. Or, le terrein des circonstances étant mouvant et incertain, ce qui s'est contracté sous une influence fâcheuse, doit avoir la faveur d'une plus heureuse. Mais un bénéfice pour l'Etat! misérable argument, à l'aide duquel il n'y aurait bientôt plus ni Etat, ni propriétés, ni ordre, ni justice sur la terre.

L'acte législatif par lequel le contrat des rentes a été institué n'a donc point déterminé de remboursement et vous en refuse l'avantage, autrement que par le libre rachat entre le vendeur volontaire et la Caisse d'amortissement.

Mais, dira-t-on, si la question est du domaine

---

(1) Les inscriptions n'étant délivrées qu'au fur et à mesure des paiemens, il en résulte qu'aujourd'hui 1er avril 1824, il ne peut y avoir d'inscrits que les 8 vingtièmes. Ainsi sont menacés du remboursement des gens qui n'ont pas encore complété leurs versemens, ou de la réduction, quand ils n'ont pas même leurs inscriptions.

de la loi politique, un acte législatif va autoriser le remboursement, légitimé alors par une loi politique interprétative de la première.

Sans doute, par un acte législatif, on peut faire déclarer, et on le doit, qu'à l'avenir, les négociations ou emprunts à faire par le Gouvernement, seront contractés sur un capital déterminé passible du remboursement; mais ce nouvel acte législatif ne peut avoir un effet rétroactif : les rentes actuelles sont sous l'égide d'une convention qui a reçu, je le répète, la sanction du temps et qui possède le mérite de la chose acquise. Le contrat vous est onéreux, dites-vous! mais il pouvait l'être et il l'a été, en effet, à beaucoup de rentiers.

On argue, pour en venir à la réduction par l'option du remboursement, que les prêteurs ont fait un bénéfice énorme, qu'il n'est pas convenable qu'il aille toujours en croissant, et qu'il n'est pas juste que le Gouvernement serve un intérêt de cinq pour cent, quand il peut trouver de l'argent à quatre et même à trois et demi.

Mais, nous venons de le dire, si les rentiers ont fait un bénéfice, ils se sont exposés à une perte, et à une très grande perte : a-t-on oublié, qu'après avoir négocié à 85, le Gouvernement, à la suite des variations de bourse, occasionées par les révolutions de Naples et du Piémont, a racheté sa rente à 73? a-t-on oublié que le cours, après avoir

atteint, en octobre 1822, celui de 94, est descendu
à 75, lorsqu'il s'est agi de la guerre d'Espagne,
et que dans ces deux époques, sans parler de bien
d'autres, la baisse a été permanente? Considérez
maintenant, les pertes immenses subies par les
rentiers, qui, par crainte ou d'autres motifs, ont
vendu leurs rentes à un taux inférieur à leur prix
d'achat! Qui a profité de ces baisses? le Gouvernement. Et d'ailleurs, il est avéré pour tous ceux
qui n'ont pas perdu de vue les variations des for-
tunes, que les placemens dans les premiers emprunts, en 1816 et 1817, à 57, eussent été bien
plus favorables faits de toute autre manière, et
principalement en maisons à Paris dont le capital
a doublé depuis peu d'années? Et que peut-on
alléguer sur un prétendu bénéfice énorme à l'é-
gard de ceux qui n'ont jamais déplacé leurs rentes
et qui seront atteints par la réduction, tandis que
ceux qui ont réalisé un gain quelconque, y échap-
peront?

Et tant sur cet argument de bénéfices énormes
que sur celui allégué par le journal officiel, qu'il
n'est pas convevable que le Gouvernement ra-
chète sa dette au dessus du pair, nous présentons
le tableau suivant qui prouve, avec la dernière
évidence, c'est-à-dire avec des chiffres, la futi-
lité, disons-le, l'injustice de ces allégations.

TABLEAU

Des rentes achetées jusqu'aujourd'hui 31 mars 1824, par la Caisse d'amortissement, et de celles qu'elle achètera encore d'ici à dix ans, sa dotation réduite de 20 millions (1), et le cours moyen supposé à 120 les 5 p. 100.

Au 31 mars courant, il a été acheté par la Caisse d'amortissement :

33 millions de rentes qui ont coûté environ   510 millions.
    Cours moyen, 77 fr. 30 c.

27 d°. seulement à acquérir dans dix ans, avec un commencement de revenu réduit à 57 millions, qui donnent un total d'emploi, par la cumulation des intérêts, de..................... 650 millions.

60 millions de rentes qui auront coûté.... 1160 millions.
    Cours moyen, 96 fr. 70 c.

On voit donc que, dans dix ans, le Gouvernement, en supposant une tranquillité parfaite et une prospérité sans nuages, aura acquis environ 60 millions de rentes au cours moyen de 96 fr. 70 c., c'est-à-dire au cours bien inférieur où il veut les rembourser aujourd'hui ; et remarquez, *dans la supposition de dix ans de prospérités sans*

---

(1) Voir le plan proposé à la fin de l'ouvrage.

nuages : mais n'accordera-t-on rien pour le chapitre des événemens qui peuvent faire descendre
le prix moyen de la rente, même au dessous de
100 f. ? Et alors quelle évidence ajoutée au tableau
ci-dessus, puisque, dans la période de dix ans, le
Gouvernement aura acheté bien plus de soixante
millions de rentes avec bien moins de douze cent
millions de capital!

Or, nous le demandons, et nous pressons les
partisans du projet, s'il y en a, hors ses défenseurs
obligés ou intéressés, de nous répondre et de nous
dire s'il faut aujourd'hui bouleverser l'Etat, com-
mettre une violente injustice, une espèce de dé-
possession, appauvrir des malheureux qui se sont
confiés à la bonne foi publique, les ôter de leur
domaine, de leur patrimoine, pour produire un
effet que le temps seul amène naturellement?

Mais s'il était possible (le contraire est prouvé),
que vous ayez le droit de m'offrir le remboursement, à quel taux faites-vous monter la repré-
sentation de l'intérêt? Celui de 100 francs pour 5
est-il le taux légitime? Est-il écrit dans le contrat?
Oui, pour le terme moyen, mais non pour le terme
possible. Le mot *consolidés* et le contrat constitu-
tif des rentes vous refusant le droit de remboursement, il en résulte que c'est un capital indéterminé et variable de sa nature. Le nombre 100 in-
dique le terme moyen de l'échelle du cours. Cela

est si vrai que le Gouvernement a négocié à tous cours, 57, 67, 85, 89, et que bientôt, sans cette fatale mesure, il en eût sans doute négocié à 120, 125 et plus. Qu'importe que vous changiez la dénomination des rentes, est-ce en renversant les mots qu'on change la nature des choses? Le cours étant variable, d'après le terme de vos négociations, il ne nous appartient plus; et, comme en aucun temps, je n'ai pu vous demander mon remboursement, et que j'ai été obligé de subir le cours de 75, après avoir acheté à 94, que j'ai pu même être obligé d'accepter celui de 50, on doit me laisser jouir de toute la faveur de la hausse, même du cours de 150 dont 100 est le terme moyen. C'est le degré de zéro dans le cours de la bourse, sous le rapport du crédit et de la confiance publique. Plus élevé, c'est un signe de prospérité; plus bas, un signe de détresse et d'alarmes.

Cela est tellement incontestable, que si ce projet désastreux n'eût pas vu sitôt le jour, et que la rente venue à 115 ou 120, le Gouvernement eût eu besoin de négocier vingt millions de rentes, pour lesquels il aurait reçu 460 ou 480 millions, n'est-il pas vrai qu'alors le projet n'eût pu même être proposé, puisque la nouvelle négociation se confondant avec les anciennes, et la moyenne du cours ayant changé, le taux de 100 pour 5 n'eût plus été la valeur du capital, et que vous n'eussiez pu l'offrir pour règle de remboursement. Les anciens possesseurs et les nouveaux (1) confondus; n'auraient-ils pas été en droit d'exiger un taux plus analogue au cours public ? Ce que vous n'auriez donc pu faire dans six mois, le pouvez-vous davantage aujourd'hui ?

Le Gouvernement doit voir que sa prétention est peu fondée, puisqu'elle s'évanouit à la simple analise de la chose ; et que, d'ailleurs, l'élévation du cours est un avantage qui le concerne principalement. Aussi cette vérité a toujours été tellement sensible, que c'est lui qui l'a provoquée, et qui a voulu le porter rapidement au pair. « C'est un grand avantage, disiez-vous, pour le crédit public. » Ce crédit sera donc bien plus vivifié, lorsque les 5 p. 100, étant à 125 ou 130, vous pourrez négocier 20 millions de rentes qui produiront cinq cents millions, et permettront de soutenir six campagnes comme celle qu'on vient de faire dans la péninsule.

Enfin, l'iniquité de cette réduction est telle-

______

(1) La rente est continuellement en de nouvelles mains. Pour apprécier son immense mutation, il suffit de rappeler que pendant l'année 1819, les transferts opérés par ventes ou succession se sont élevés à 107,070 parties, formant plus de 180 millions de rentes.

ment palpable qu'on est contraint d'en faire l'aveu public dans un manifeste officiel, vulnérable à chaque ligne : on croit juste de faire des exceptions en faveur de la Légion-d'Honneur, des communes, des monts-de-piété, des hôpitaux et même des majorats. Des majorats! passe pour les hôpitaux. Mais faites-en donc une en faveur de tous les pauvres rentiers ; en faveur de ces pauvres artisans que vos exhortations publiques ont engagés à placer leurs épargnes sur les effets de l'État, et en faveur de qui vous avez descendu l'inscription jusqu'au minimum de dix francs. En faveur des hôpitaux, dites-vous ; hé ! combien de gens que vous allez y réduire, en attendant que, par suite, ils soient forcés d'aller mourir à l'Hôtel-Dieu ! et, enfin, faites une exception en faveur de tous les rentiers de l'ancienne dette, aujourd'hui septuagénaires, que, par détresse, à la vérité, vous avez réduits aux tiers de leur revenu sur lequel, aujourd'hui, par trop de richesse, vous allez retenir encore un cinquième ; en sorte que de 5,000 fr. réduits à 1,000, ils sont menacés de l'être à 800, avec la perspective, d'après votre odieux principe, de ne plus recevoir que 663 fr. (les 5 p. 100 étant encore réduits à 2 et demi).

Et ces caisses d'épargne, les tontines, les mineurs, les rentes immobilisées, à quel titre les réduirez-vous à 4 p. 100 ? Comment prouver, à leur égard, qu'ils ont bénéficié sur le capital, puisque

leur rente est stationnaire et le fonds presqu'ina-
liénable ? Et enfin, cette foule de rentiers à qui
leur position, leur âge ou leurs infirmités ne per-
mettent pas de prendre leur remboursement (1)
et qui, ayant vécu de leurs rentes et avec leurs
rentes, n'ont pas prévu d'autres ressources jusqu'à leur mort!

L'équité, la raison, l'humanité se réunissent
donc pour repousser une mesure que la nation
désavouera, puisque la nécessité ne l'excuse pas,
et qu'il est avéré que nos finances sont dans l'état
le plus prospère. La question de l'illégalité du
remboursement sur lequel s'appuie la réduction
est donc résolue pour l'affirmative, et il est prouvé

---

(1) Et cette rente casée qu'on s'est efforcé, par une politique bien entendue, d'éparpiller dans le plus de mains
possible, par l'institution des livres supplémentaires dans les
départemens, et en descendant le minimum de l'inscription
jusqu'à 10 fr.! Violemment vous allez la sortir de toutes les
parties pour l'agglomérer entre les mains des capitalistes ;
en sorte que vous déviez de ce principe incontestable en
économie politique, consacré par l'opinion unanime de tous
les hommes d'Etat, qu'il est important d'éloigner le moins
possible la dépense des sources productives de l'impôt. En
décasant la rente, votre mesure en est subversive. Or, voilà
vingt millions de rentes qui annuellement ne retourneraient
plus aux provinces.

que la réduction elle-même n'est ni plus juste ni plus convenable, et que vous n'avez le droit d'offrir ni l'une ni l'autre aux titulaires ; que les termes de leur contrat s'y opposent ; que la loi civile, qui n'est pas compétente, les condamne néanmoins, et que la loi politique, sous laquelle nous sommes, a donné aux négociations de rentes, la force d'un contrat synallagmatique, obligatoire pour le Gouvernement d'une part, et pour les créanciers dessaisis de leurs fonds de l'autre. Nous montrerons dans le chapitre suivant que cette mesure est déviatoire des principes de crédit public, et que son effet en sera funeste aux particuliers, sans être profitable à la fortune de l'Etat (1).

---

(1) Quoique la question que nous venons de débattre soit bien résolue en faveur des rentiers, en dépit du manifeste du journal officiel contre eux, il est utile de relever encore bien d'autres contradictions où il est tombé.

« Il n'est pas juste, dit le *Moniteur*, que les porteurs de « rentes ayant déjà fait un bénéfice énorme, ils en réalisent « encore un plus considérable. »

Mais la mesure proposée inscrivant chaque 5 francs de rente pour 4 p. 100 en 3 p. 100 à 75, le Gouvernement se déclare débiteur de 133 fr. 33 c. pour un capital de 100 actuel ; en sorte que les 3 p. 100 devant s'élever au pair, suivant ses assurances, les titulaires anciens, qui, soi-disant, ont déjà fait un bénéfice tant reproché, acceptant des 3 p. 100, réaliseront encore 33 fr. 33 c. au-dessus. En d'autres termes, on leur promet 133 fr. 33 c. pour les 100 fr. qu'on leur envie.

Etrange contradiction, si ce n'est pas une déception !

On a représenté que pour produire une diminution dans le budget de dépenses, et dégréver les contribuables, sans attenter à la prospérité des rentiers, il était plus simple de supprimer partie ou totalité des rentes et de la dotation de la Caisse d'amortissement. « Non, dit le journal officiel ; la « Caisse d'amortissement a été instituée dans l'intérêt des « rentiers eux-mêmes, pour soutenir leur gage ; et ce serait « un préjudice, une déception, que de les en priver. »

Quoi ! vous leur laissez la garantie du gage, et vous leur enlevez une portion du gage même !

Quelle contradiction, si ce n'est pas une dérision !

Le *Moniteur* s'efforce d'atténuer l'odieux de la réduction à l'égard des anciens rentiers, en disant qu'un grand nombre a cédé sa créance ; mais ce n'est pas détruire l'inconvénient, que d'en réduire l'application à un plus petit nombre de victimes, qui méritent, à bien plus juste titre que les majorats, le bénéfice de l'exception. Nouvelle contradiction, si ce n'est pas une cruelle indifférence !

CHAPITRE II.

Qu'une réduction quelconque des intérêts de la Dette est déviatoire des principes de crédit public, et son effet funeste à la fortune publique.

LE chapitre précédent a dû être un peu long, parce que dans ses développemens il a été difficile de ne pas faire quelque excursion vers des considérations qui s'y rattachent nécessairement. Nous avons cependant négligé une foule d'autres motifs qui venaient se presser sous notre plume ; car la plus grande difficulté de notre tâche est le choix des moyens et des preuves au milieu de tant de raisons qui s'élèvent contre la mesure proposée. Nous serons donc plus succinct dans la suite de l'ouvrage, le point du droit étant suffisamment éclairci.

Subsidiairement au chapitre précédent, la réduction des rentes étant inique, puisque le remboursement n'est pas légal, nous allons prouver qu'elle est impolitique, déviatoire des principes de crédit public, et désastreuse dans ses effets.

De quelque manière que le ministère, les capi-

talistes, les banquiers et les agioteurs considèrent la mesure ; le peuple, les rentiers ne la prendront que pour ce qu'elle est réellement, un manque de foi , une réduction , enfin. Pensez-vous qu'un pauvre rentier qui n'a jamais mis le pied à la Bourse, et vu de sa vie un bordereau du cours des effets publics , entre dans la subtilité de vos raisonnemens et de vos reviremens de finance ? Non.
« J'avais, dira-t-il, dans un temps de calamités ,
« de charges pour l'Etat, 5oo francs de rente qu'il
« me payait si exactement alors, et depuis, que je
« me suis décidé, parvenu à la soixantaine , de les
« considérer comme le produit d'un domaine que
« je laisserais après ma mort à mes pauvres enfans ,
« chargés eux-mêmes de famille. J'entendais dire
« que le capital augmenterait de valeur. Tant
« mieux, me disais-je , pour mon héritage ! la dis-
« tribution en sera plus facile et les parts plus
« fortes. Mais aujourd'hui que tout est dans une
« prospérité remarquable , lorsque le budjet offre
« un excédant de recettes sur les dépenses, on
« me retranche tout-à-coup le cinquième ! Quelle
« réduction ! Je ne m'attendais pas à cette chicane.
« On me disait bien qu'il ne fallait pas se fier aux
« gouvernemens. Hélas ! j'avais une si grande
« confiance dans le nôtre et en notre bon Roi ! »
Voilà le langage simple , naturel , qu'on entendra d'un bout de la France à l'autre ; et ce lan-

gage survivra aux années, et il sera la censure de l'administration , et ses fruits seront amers , et leur souvenir survivra aux générations !

La bonne foi est la base du crédit public. En vain prétendez-vous ne pas vous en écarter, le peuple, comme je viens de le dire , les rentiers, les petits capitalistes, n'accepteront pas vos argumens et les pulvériseront par cette réponse : « Vous « me deviez cinq et vous ne me payez plus que « quatre. »

Après cette réduction, si elle avait lieu, un sentiment de défiance dominant les esprits, une aversion bien motivée éloignerait les petits capitalistes des effets publics. Ne considérant plus la rente comme un placement inébranlable , dans une commotion politique, peu probable heureusement, mais possible, l'effroi du présent s'aggraverait de l'idée du passé, et la malveillance envenimant l'une par l'autre, donneraient plus de pente à la baisse du crédit. Il est certain que la crise serait plus forte (1). Mais sans autre rapport des événemens aux principes, il est incontestable

---

(1) Son effet serait déplorable surtout pour les porteurs réduits : car les 3 p. 100 venant à 48 (ce qui équivaut à 80 les 5 p. 100), ceux qui voudraient réaliser n'auraient alors plus que 64 de leur capital primitif.

que le crédit public est d'autant mieux fondé ,
qu'il a pour lui l'exemple d'une scrupuleuse fidélité ; et les 28 millions annuels qu'on gagnerait
pendant peu de temps, seraient bien achetés par
la perte de la confiance et de la réputation. L'honneur d'avoir soutenu un engagement onéreux ,
profite d'autant plus à un Gouvernement, que son
existence et sa durée sont d'une bien plus grande
importance que celles des particuliers : les actes
publics ne meurent point, et leur bon ou mauvais
effet se perpétue avec les générations.

Et qu'on ne s'y méprenne point; le bas prix de
l'intérêt relativement aux départemens , ne s'y
fera pas sentir de long-temps par cette mesure in-
tempestive. Il eût été produit plus efficacement
par sa baisse naturelle, mais graduelle ; au lieu que ,
la rente baissant violemment de 5 à 4, les rentiers
des provinces s'en dessaisiront tout à la fois, et
une fois sortis de ce placement, ils n'y rentreront
plus; ce qui sera, comme nous l'avons dit, dé-
placer et décaser la rente, pour la jeter, tout à
la fois, entre les mains des capitalistes de Paris.
Que dis-je? entre les mains des étrangers. Il est
indubitable que plus de 28 millions de rentes pas-
seront dans celles-ci. Or, il vaudrait certainement
mieux pour l'Etat, payer de plus, sur le budget de
la dette publique, les 28 millions à des nationaux
contribuables eux-mêmes, que d'épargner aux

contributions générales la même somme, pour en laisser passer l'équivalent à l'étranger, et l'exemple des primes payées par l'Etat aux négocians, pour favoriser l'exportation, est une preuve vivante de cette considération (1).

C'est donc un mal radical pour l'Etat de décaser la rente, et c'est ce que la mesure va produire. L'exemple de l'Angleterre est peu concluant. Sa position est toute autre que la nôtre; et soit par l'isolement de ce pays, soit par l'abondance de ses propres capitaux, l'Europe est peu dans l'habitude d'y acquérir des fonds publics, et les emprunts contractés en Angleterre y ont été remplis par des capitaux nationaux (2). On sait trop que le prix favorable de l'intérêt et l'absence des capitaux en France y a amené ceux de l'é-

---

(1) Le surintendaut Fouquet, prétendait que dans les emprunts faits par l'Etat, le taux de l'intérêt était indifférent, parce que c'était de l'argent qui passait de la main d'un Français dans une autre. C'était une grave erreur en administration et en finances. Il est plus judicieux de dire qu'il est préférable de payer un fort intérêt aux nationaux, qu'un bien moindre à des étrangers. Cet axiome est alors incontestable, et c'est ce que nous développons.

(2) Et dans ses réductions, c'est sa Caisse d'amortissement nantie d'un capital énorme qui fait les avances nécessaires au remboursement.

tranger dans les diverses négociations de rentes qui y ont eu lieu. D'énormes intérêts leur sont dus, principalement aux Anglais : le projet est donc désastreux sous ce rapport, en ce que dans son immense opération, ce sera les capitaux de dehors qui y concourront. On objectera que précisément le bas prix de l'intérêt plus analogue au leur, produira l'effet contraire, et qu'ils n'auront plus de motifs de préférence ; je réponds que la hausse des 5 p. 100., nivelant également l'intérêt et le rapprochant de celui des étrangers, les aurait éloignés de même, petit à petit, de notre marché ; au lieu que la mesure proposée les y amène nommément. Qu'est-ce que cette création et cette négociation de 3 p. 100 à 75. Sinon un éveil donné à toute l'Europe d'y concourir ? L'opération, en elle-même, ne porte-t-elle pas avec elle cet inconvénient effrayant ? Mais, dira-t-on, cet inconvénient a eu lieu lors des derniers emprunts : sans doute, mais alors la nécessité y apportait son excuse, quoiqu'il fût bien important, néanmoins, de n'y pas trop s'y engager à cause de cette raison. L'argent, ajoute-t-on, est devenu plus abondant : oui, parce qu'à présent le capital l'emporte sur les intérêts ; mais, peu à peu, la sortie des intérêts l'emportera sur le capital, et alors, la dette du fonds appartenant à d'autres qu'à des nationaux, celle-ci restera encore due, et l'Etat devra s'épuiser pour le capital comme il se sera épuisé pour les arrérages.

Dans l'état actuel où sont les 5 p. 100, avant que les étrangers y eussent placé encore 10 millions de rentes, et précisément parce qu'ils les y placeraient, ils monteraient à 130 et à 135, taux bien moins avantageux pour eux, que des 4 p. 100 délivrés aujourd'hui en 3 p. 100 à 75. N'est-il pas clair que pour une opération qui exige 7 à 800 millions de capital peut-être, il a fallu aux Roschilds, aux Baring, d'immenses souscriptions faites par leurs compatriotes? Et n'est-ce pas un appel, un signal qu'on leur donne d'acheter nos fonds, en même temps que c'en est un aux rentiers français de s'en dessaisir? Mesure fatale donc! Mesure impolitique, aussi condamnable sous le rapport de l'utilité publique et du véritable intérêt de l'Etat, que sous celui de l'équité!

Le but de faire baisser l'intérêt de l'argent ne sera pas rempli, ou le sera intempestivement ou violemment; et ce qui opère violemment est une faute grave en finances et en administration. C'est alors qu'on peut dire que le mieux est l'ennemi du bien. C'est une nouvelle considération que cette mesure est du ressort de la politique, et mérite un sérieux examen, puisqu'elle peut exposer l'Etat à une commotion, et les transactions à un bouleversement. Quand une loi civile permet, entre particuliers, le rachat des rentes, on sent de suite que son effet est insensible, parce qu'il est disséminé. Dans ce cas, personne n'en souffre et l'Etat encore moins, parce que c'est inaperçu : si l'on me rembourse dix mille francs d'une main, je les place de suite dans une autre au même taux. D'ailleurs, je suis averti à l'avance par la sagesse et la prévoyance de la loi ou par la mienne propre. Je suis donc en mesure, et d'un autre côté, personne ne me barre le chemin, et l'embarras de mon voisin ne vient pas aggraver le mien.

On voit donc l'énorme, la désastreuse différence que présente un remboursement général et si considérable. Le créancier, forcé alors dans sa position, se trouve dans la fâcheuse alternative ou de subir une réduction, ou de s'exposer à un déplacement imprudent, dangereux pour son capital. Si on a compté sur cette perfide option, on ne s'est pas trompé ; mais c'est une cruelle déception, un choix funeste imposé entre deux malheurs. Aussi les rentiers ont, par cela seul, le droit de s'écrier : *ni l'un ni l'autre !*

Enfin la considération de favoriser le commerce et l'agriculture s'évanouit au premier examen : car votre opération ne fera pas que l'intérêt diminuera à votre commandement. Celui-ci se règle par la confiance, la sécurité des prêteurs et la

masse des capitaux : toutes choses qui ne se réalisent qu'avec le temps. Or, quel que soit le prix
des 5 pour 100 nouveaux, il sera toujours en raison des 5 pour 100 anciens, dans les mêmes circonstances. Si la confiance rétrograde, au premier
choc, les premiers seront à 48; cours équivalant
à 80 dans les 5 pour 100 : ce qui fait $6\frac{1}{4}$ pour 100
par an; et, si au contraire ils s'élèvent à 90, les
derniers viendront à 150 fr., et voilà l'intérêt à
$3\frac{1}{4}$, indépendamment de votre opération.

Et de plus, n'est-il pas très-illégal de faire un
emprunt uniquement pour ôter le bénéfice des
anciens prêteurs? Comment ne sent-on pas qu'il
est aussi monstrueux, aussi inique de négocier
sans besoin d'argent, de nouvelles rentes, à cause
seulement d'un taux plus avantageux, pour an-
nuler uniquement les anciennes, que, si le mois
d'après la négociation des 23 millions 114,000 fr.,
on eût fait un nouveau marché des mêmes rentes
avec d'autres contractans? Et remarquons que,
lorsque ces reviremens ont lieu avec les mêmes
banquiers, il en résulte que le contre-coup n'en
retombe plus que sur les sous-soumissionnaires,
et qu'au contraire ceux-là passent à de nouveaux
bénéfices, résultats de courtages, primes, com-
missions, etc.

Aussi, dès le jour que ce projet a été connu, il
a porté la désolation dans les familles, la suspen-

ɓion dans les affaires et occasioné une forte con-
tention dans les esprits. Le Gouvernement se
tromperait beaucoup s'il pensait que l'opinion est
la même qu'auparavant. C'est un devoir que de
l'éclairer à cet égard, et ce n'est pas une légère
preuve qu'on est du nombre de ses plus sincères
partisans, que de le faire, appuyé sur la double
force de la justice et de la raison.

CHAPITRE III.

Que les inconvéniens de cette réduction ne sont pas compensés par ses avantages. Qu'il est plus convenable de suivre une autre voie par laquelle, sans arrêter l'effet de l'amortissement, on peut diminuer, dès à présent, le Budget des dépenses de 60 millions par an, et fermer, en outre, les dernières plaies de la révolution.

On ne doit pas se dissimuler que cette décharge de 28 millions par an, sur un budget de 900 millions, à l'époque d'une brillante situation financière, ne saurait être mise en parallèle avec le mauvais effet qu'elle va produire sur les esprits, avec ce dommage notable causé à deux cent mille familles; avec cette injustice criante qui affligera diversement tant de gens, selon leur âge, leur fortune, leur position, leurs infirmités; avec ce germe de discorde et de haine, ce nouveau ferment d'opposition, surtout si les anciennes plaies qu'on veut fermer, paraissaient l'être au moyen de ces nouvelles plaies qu'on ouvrirait. Nous avouons qu'ayant beaucoup médité sur les affaires politiques, nous ne saurions comprendre une faute si capitale qui consisterait à redresser des torts pécuniaires avec

des sacrifices d'argent imposés à d'autres conci-
toyens; nous n'imaginons pas de plus malheureuse
conjoncture; et cette seule considération doit
faire envisager la réduction des rentes comme
impraticable dorénavant. C'est, **en effet**, une
grande maladresse qu'un poids léger pour tous les
Français et qu'ils supporteraient avec joie, puisse
être dévolu, comme par choix, et dans une proportion accablante, à un certain nombre d'entre
eux seulement. La nouvelle Chambre ne saurait
mieux se raffermir dans l'opinion qu'en la rejetant.
Si c'est le sort de la proposition, elle n'aura pas été
sans fruit.

Empressons-nous donc d'offrir au Gouvernement, aux citoyens affligés et surpris, une perspective plus consolante. Il y a un moyen tellement évident de faire mieux, en faisant seulement
d'une autre manière, qu'on ne pourra se refuser
d'y donner au moins quelque attention.

Avant de déduire ce plan d'une simplicité parfaite et d'une pratique inévitable, hâtons-nous de
jeter un coup d'œil rapide sur l'ensemble de nos
finances, pour pénétrer le lecteur de leur solide
et brillante situation. Ce tableau satisfaisant et ce
plan plus convenable serviront de conclusion à
cet essai. Nous ne saurions mieux le terminer;
car, en montrant sous le plus grand jour le bien

qu'on peut obtenir, nous en aurons fait mieux sentir encore le mal qu'on doit éviter.

Les finances sont dans l'état le plus prospère, tel qu'aucun gouvernement de l'Europe, peut-être, n'en offre pas de plus satisfaisant : un budget de dépenses d'environ 900 millions est couvert par un budget de recettes d'une somme toujours plus considérable. Les recettes de l'année 1820 ont excédé les évaluations de 28 millions 655,467 f. Et les résidus des crédits précédens et de celui de l'année, ont été de . . o5   689,568

Total. . . . . 34 millions 345,o33 f. dont l'affectation et le transport ont été faits au budget de 1822.

Les deux exercices de 1821 et 1822 ont présenté un excédant de . . . . . . 43 millions, qui, avec la somme à provenir d'un crédit de 4 millions de rentes, éva- luées au capital de . . . . . . 57 millions, ont formé celle de 100 millions. ci. 100 millions, jugée nécessaire pour la guerre d'Espagne.

Mais le crédit de 4 millions de rentes était calculé au cours de 75 fr.; la négociation en ayant été faite à 89 fr. 55 c., a produit 71,640,000 f. excédant 14 millions 640,000 fr.,

De l'autre part. 71,640,000

Et les 19 millions 114,000 fr. des précédens crédits, qui ont formé avec les 4 millions ci-dessus, la totalité de la négociation de 23 millions 114,000 fr., ayant de leur côté, au même cours, produit celle de 342,331,764

Total du produit de la négocia-
tion des 23 millions 114,000 fr. . . 413,971,764 f.
C'est-à-dire plus de 67 millions au-delà du produit, le cours à 75 fr.

Et si cette négociation, faite le 20 juillet dernier, eût été différée jusqu'aujourd'hui (1), et partagée ainsi :

1°. Pour faire face au paiement des trois premiers cinquièmes de reconnaissances de liquidation, et de celui échéant au 22 mars dernier, sur la totalité desquelles 20 millions d'annuités, à 4 pour 100, ayant été remboursées, il n'était plus besoin que de la somme de . . . 260 millions.
Première négociation, 13 millions
114,000 fr. au pair. 262

Excédant à employer en intérêts,
frais, etc. . . . . 002 millions.

____

(1) Le service le permettait, par la négociation de bons royaux à la Banque et sur la place.

2° Crédit accordé pour la guerre
  d'Espagne . . . . 100 millions.
Dernier cinquième des reconnaissances de liquidation, à échoir
  en 1825. 70
                            ———
Total . . . . 170 millions.
A déduire, pour deux années d'annuités à 4 p. 100, remboursables
  seulement en 1826 et 1827. . . 20
                            ———

Liquid. guerre
  d'Espagne.   } Total des besoins ex-
5ᵐᵉ de recon-   traord. pour 1825. 150 millions.
  naissances.

En conséquence, au 1ᵉʳ janvier 1825, une nouvelle négociation de rentes de 6 millions seulement, au cours de 4 p. 100, eût été nécessaire :
ce qui aurait réduit l'emploi du crédit en rentes
à 19 millions 114,000 fr.; bénéfice sur la dette de
l'Etat, 4 millions de rente.

Cette précipitation de la négociation de juillet
dernier est, il nous semble, une faute en administration de finances. Elle a été aperçue et rele-
vée même avant d'être commise (1). Aujourd'hui
que le Ministre annonce une abondance de capi-

---

(1) Voir les journaux de l'époque.

taux offerts à 4 pour 100 et au-dessous, elle est encore plus sensible. Néanmoins nous n'en parlons dans aucun esprit de dénigration, et seulement pour ajouter cette nouvelle preuve des immenses ressources de notre crédit.

Cette excursion sur un passé encore si près de nous, n'est pas inutile pour faire voir l'étendue de nos moyens, et pour montrer en même temps que l'élévation du cours est tout à l'avantage du Gouvernement, et que c'est sous ce point de vue qu'il l'a lui-même toujours considérée. Des citations seraient superflues sur une vérité qui n'est pas contestée. Il suffit de lire tous les discours des différens ministres des finances, depuis Corvetto, d'honorable mémoire, qui a eu la gloire d'avoir fondé le crédit public, jusqu'à Son Exc. M. de Villèle lui-même, qui aura l'avantage de l'avoir vu atteindre le plus haut degré de solidité et de splendeur.

La dette publique, comme on vient de le publier tout récemment, et d'après toutes les sommes inscrites, est de.................... 197 millions de rentes, sur laquelle la Caisse d'amortissement a acquis et possède, au 31 mars dernier, environ 33 millions.

Reste dû par l'Etat en rentes 5 p. 100..................... 164 millions.

Dont appartenant à divers établissemens, qu'on peut considérer
comme immobilisées.......... 24 millions.

Total des rentes amovibles...... 140 millions.

Situation de la Caisse d'amortissement.

La Caisse d'amortissement ayant acquis, comme
il est dit ci-dessus, au 31 mars dernier, environ............................. 33 millions.
Sa dotation s'élevant à.......... 40
A quoi il convient d'ajouter la valeur, soit de ce qui reste dû sur
les bois vendus, soit de ceux qui
restent à vendre; ce qu'évaluant à
la somme de 14 millions, réalisable
en deux ans, ferait pour 1824..... 7

Total à employer, en 1824, au
rachat de la dette publique....... 80 millions.

La somme à employer en 1825,
étant augmentée de celle provenant
des rentes acquises en 1824, et qu'on
peut évaluer, au cours élevé moyen
de 120, à........................ 3,125,000 f.

A transporter... 83,125,000 f.

D'autre part...   85,125,000 f.

Et l'année 1826 s'ouvrirait avec
une augmentation, par le rachat
de 1825, calculé au même cours
de 120, de....................   3,250,000

Au total de....   86,375,000 f.

S'il n'était convenable d'en réduire, pour le déficit des bois de
l'amortissement, épuisés alors...   7,000,000

Reste pour ouvrir l'an 1826...   79,335,000 f.

L'amortissement donc partant
de 1826 avec un moyen de près
de 80 millions, aurait amorti, à la
fin de l'an 1840 (en 15 ans), et au
cours moyen de 125 pour 5 f. de
rente, la somme de............   65,000,000 f.

Moyens exorbitans en 1841...   144,335,000 f.

Et encore dans les neuf années
suivantes, jusqu'en 1850, s'ils lui
étaient conservés...............   61,512,000

En 1850, la Caisse d'amortisse-
ment posséderait...............   205,847,000

Sur quoi déduisant la dotation de   40,000,000

Resteraient rentes acquises....   165,847,000 f.

Et les rentes immobilisées appartenant à des établissemens particuliers, s'élevant aujourd'hui à
24 millions, et leurs achats d'ici à
26 ans évalués seulement à 7,153 f.   31,153,000 f.

Total égal à toutes les dettes. .   197,000,000 f.

Il se trouverait donc que, dans le court espace
de vingt-six ans, toutes les dettes de l'Etat seraient
éteintes, moins trente-un millions de rentes, appartenant à des établissemens publics qui ne se
seraient pas présentés à l'achat par leur genre de
fixité.

Il est clair que cette prompte libération serait
subordonnée aux événemens, et que des besoins
extraordinaires du gouvernement en pourraient
déranger le calcul, et même l'absence des ven-
deurs dans une période si courte, sans d'autres
causes', la retarderaient inévitablement. Sur le
premier point, cependant, on pourrait faire la re-
marque que le gouvernement émettrait d'autres
valeurs, des 3 p. 100, par exemple, remboursables, qui serviraient à l'emploi des capitaux, et
donneraient lieu à l'épuisement total des cinq pour
cent.

On voit donc que si cette prompte libération
doit être retardée plutôt par l'absence des ven-

deurs que par celle des immenses moyens de la Caisse d'amortissement, il est inutile de fatiguer la génération présente de tout le fardeau de ladite caisse. *Premier moyen de soulager le Budget de 1825 et les suivans.*

S'il est utile de se régler sur de bons modèles et d'imiter de nos voisins, ce que leur génie en finances et en administration y introduit de salutaire, c'est sans doute en nous appropriant l'opération qu'ils ont faite en 1822, à l'égard des pensions dont le service, moyennant la concession d'un plus grand nombre d'années que le tableau des extinctions n'en présente, a été réduit de cinq millions sterl. (120 millions fr.) environ, à 2 millions 800,000 (67 millions 200,000 fr.), bénéfice (52,800,000 fr.), c'est-à-dire dans une proportion de 28 à 56.

Cette ingénieuse conversion d'un service pesant en un plus léger, au moyen d'un plus grand nombre d'annuités, est d'une application facile en France (Nos actions des canaux en participent). Les capitalistes s'y porteront avec empressement, et cette opération leur tiendrait lieu de celle qu'on propose en 3 p. 100.

Et comme cette opération est basée sur des

calculs de probabilités, qui sont les mêmes dans tous les pays, la proportion sera la même en France qu'en Angleterre, sauf la différence qu'y apporterait le prix de l'intérêt. Nous proposerions donc de l'adopter à l'égard de toutes les pensions inscrites, qui s'élèvent à près de 70 millions ; ce qui présenterait un soulagement annuel de 50 millions 800,000 francs, mais que je ne porterais dans l'application qu'à 27 millions. *Deuxième moyen de soulager le Budget de 1825 et les suivans.*

On a vu avec satisfaction, dans la proposition des Budgets de 1823 et 1824, qu'un excédant de 43 millions provenait des deux Budgets précédens. Il en résulte que, depuis 1819, le recouvrement des recettes offre un excédant annuel considérable ; et comme dans le plan ci-dessous, s'il était adopté ou son équivalent, un dégrèvement général de 60 millions aurait lieu immédiatement, dont 50 environ (1) sur des natures de contributions qui verraient s'en élever leur produit ; il est évident que

____

(1) Nous disons 50 seulement, pensant qu'en première ligne de diminution, on devrait mettre, par respect pour la morale, la suppression de la loterie. Mais, à cet égard, on pourrait créer pour 40 millions d'annuités à 3 et demi pour

cet excédant de 20 millions sur les recettes, serait obtenu, et par conséquent à retrancher sur l'ensemble des contributions. *Troisième moyen de soulager le Budget de 1825 et les suivans.*

PROJET D'UN DÉGRÈVEMENT DE 60 MILLIONS SUR LE BUDGET DE 1825 ET LES SUIVANS.

PREMIER MOYEN. *Retranchement de 20 millions sur la dotation de la Caisse d'amortissement.*

On a vu que l'amortissement de la dette publique pouvait être opéré dans vingt-cinq ans, moins celle appartenant à des établissemens publics, et que dans quinze années seulement, à partir de 1826, les achats de rentes s'élèveront à......................... 65,000,000 f.
lesquels avec les 33 millions, achetés aujourd'hui, ci............... 33,000,000
et celles qui le seront en 1824 et 1825, à......................... 6,000,000

Total enlevé de la circulation en 1840........................ 104,000,000

cent, avec lots et primes. Celles actuelles valent 1100 fr., sur un capital remboursable de 1000 fr.

Il est donc superflu de charger la génération présente de la totalité du fardeau de l'amortissement, mais utile de le réduire dès à présent, et d'en rejeter une partie, distribuée en bien petites masses, sur les années plus prospères encore qui vont suivre.

Nous proposerions donc de réduire à vingt millions, outre les rentes, la dotation actuelle de la caisse d'amortissement, ce qui retarderait de bien peu l'amortissement exposé ci-dessus, ci.................. 20 millions.

Deuxième moyen. *Conversion du service des pensions en quarante-cinq annuités de moindre somme.*

La conversion des pensions en 45 annuités d'une moindre somme, étant adoptée, et son résultat fondé sur des chiffres, nous portons, en autre réduction de dépenses, le bénéfice annuel qui en reviendrait et que j'évalue seulement à...... 27 millions.

Troisième moyen. *Excédant probable de 20 millions sur les recettes.*

Et le Budget des recettes, d'après les résultats des dernières années, présentant un excédant de

D'autre part...   47 millions.

plus de vingt millions , obtenus encore plus sûrement lorsque la diminution des tributs en aura élevé le produit , nous portons cette somme comme diminution à voter dans le Budget des recettes de 1825 , ci.....................   20 millions.

Total obtenu en diminution de dépense.....................   67

Appliquant au Budget de 1825, en diminution.................   60

Reste disponible annuellement.   7 millions.
dont je vais produire l'emploi.

On a vu page 50, que l'année 1826 s'ouvrirait , pour la caisse d'amortissement, hors toute recette provenant des bois épuisés, avec une somme de 79,375,000 f., et au tableau de l'amortissement, page 25, qu'avec 57 millions par an, 25 millions de rentes seraient amorties en dix ans. La réduction proposée ci-dessus n'étant que de vingt millions, resterait disponible, dès 1826, deux millions trois cent

D'autre part...   7,000,000 f.

soixante-quinze mille francs, ci annuellement....................   2,375,000 f.

Nous proposerions d'augmenter cette somme des premières rentes éteinte en 1826 et 1827, qui ne sauraient être évaluées à moins de deux millions par an, ci pour deux ans....................   4,000,000

Total annuel excédant l'emploi aux Budgets courans.............   13,375,000

Pour compte rond............   125,000

Total disponible par an...   13,500,000

Indemnités aux Emigrés.

Nous les destinons à former les moyens d'une négociation qui, calculée à 4 pour cent, serait la base d'un emprunt nominal de trois cent trente-sept millions cinq cent mille francs.

Cette négociation serait faite sous la forme d'un capital déterminé, dont les cédules, de diverses sommes, seraient remboursables au pair par la Caisse d'amortissement, d'après le mode le plus convenable, combiné avec les achats journaliers de ladite caisse, des cinq pour cent consolidés ordinaires. Voilà pourquoi nous n'avons calculé la négociation qu'à 4 p. 100, d'après ce désavantage comparé à celui des cinq pour cent, et tout fait présumer que cette négociation aurait lieu au moins à ce taux.

Et proposant, dans le choix des contributions à diminuer ou à supprimer, de rayer, du tableau de nos moyens, celui qui en est le plus immoral (1), la loterie ; afin de prévenir cependant le mauvais effet de sa suppression qu'occasioneraient soit les loteries étrangères, soit les loteries clandestines, et pour fournir un aliment aux spéculations de la fortune qui ne portent pas avec elles le même inconvénient que les faibles mises, nous proposerions encore la création de trente-sept millions cinq cent mille francs d'annuités avec lots et primes, comme celles existantes encore, mais dont le remboursement, et par conséquent l'épuisement, est assuré, et qui se négocieraient sans doute à 3 et demi (2).

Cette dernière somme serait ajoutée à la précédente, et leur totalité formerait celle de trois cent soixante-quinze millions, qui serait mise à la disposition du Gouvernement pour être le fondement de l'indemnité réclamée par l'équité et la politique, en faveur des Français expatriés.

------

(1) Plus nécessaire par son produit, dit M. le ministre des finances en 1819, que recommandable par sa nature.

(2) Les annuités actuelles valent 1100 fr.

Voilà les moyens de fermer les dernières plaies de la révolution, mais sans en ouvrir de nouvelles, et d'éteindre toutes les haines sans donner à la malveillance et à l'esprit de parti le sujet d'en exciter d'autres ou de renouveler le ferment des anciennes.

Reste-t-il quelques doutes sur l'injustice, l'inutilité et les inconvéniens de la mesure proposée? Nous pensons que non, et il nous semble que nous avons présenté, sous tous ces aspects, cette importante question, en la résolvant dans l'intérêt de l'Etat et des sujets qui ne doivent pas être séparés. Des débats lumineux auront lieu, à cette occasion, aux Chambres. Puissent-elles confirmer, par l'autorité de leur décision, un jugement dicté par les simples lumières de la raison et de l'équité !

Une dernière réflexion se présente : c'est qu'après avoir eu le bonheur, par un miracle inouï, de relever un crédit tombé, et de rétablir le Gouvernement français dans une haute réputation de fidélité à ses engagemens, compromise, jusqu'alors, par le souvenir de tant de contrôleurs et d'administrateurs des finances, qui, pendant deux siècles, n'ont pu parer aux services les plus urgens qu'en se débarrassant des engagemens les

plus sacrés (1), et dont l'histoire de leurs gestions
est la narration de toute sorte de banqueroutes ;
il n'est pas politique de faire croire que, le même
embarras passé , on imite les mêmes exemples de
réduction des rentes. Car c'est ainsi que la mesure sera envisagée, malgré l'offre du remboursement.

Si on supputait toutes les sommes dont l'Etat
n'est plus débiteur parce qu'il s'est dispensé d'y
faire face, on verrait qu'elles s'élèveraient à un
montant prodigieux ! Quelle occasion de rétablir
sa réputation ! Et combien il est plus honorable
pour le gouvernement actuel de suivre une marche
opposée, et de laisser un exemple contraire, en
payant même au-delà de ce qu'il doit rigoureu-
sement !

---

(1) L'administration des finances, sous Louis XIV et sous
Louis XV, offre une alternative singulière d'exactitude et
d'infidélités, selon les besoins du moment. Ceux-ci étaient-
ils pressans, on venait à l'exactitude ; la pénurie passée, on
revenait à l'infidélité. Le mépris de la fidélité envers les
créanciers de l'Etat, et l'ignorance des principes en matière de crédit public, furent poussés si loin, que Colbert,
en 1660, fit porter la peine de mort contre les traitans qui
avanceraient de l'argent au Roi. On sent bien qu'une disposition si monstrueuse ne fut jamais appliquée ; mais la loi
ne fut point rapportée, et subsistait encore lors de la révolution.

Mais le ministre lui-même fait l'aveu de l'illégalité de la réduction par sa catégorie d'exceptions jugée indispensable. Combien d'autres, en cas d'admission du projet, devraient être accordées !

Aux anciens rentiers qui ont déjà été réduits de deux tiers ; aux sexagénaires infirmes et aux rentes immobilisées ; aux pauvres rentiers, enfin, dont les inscriptions réunies ne s'élèveraient pas à la somme de 500 fr. (1)

---

(1) Enfin si les Chambres, d'accord avec le Gouvernement, croient devoir adopter cette mesure, nous proposons, comme correctif puissant, l'amendement suivant :

ARTICLE PREMIER.

« Seront exempts de la réduction, et leurs rentes servies
« comme auparavant, les titulaires des 5 pour 100 consi-
« lidés qui feraient leur soumission de n'en demander le
« remboursement qu'à la Caisse d'amortissement, au pair
« ou au cours inférieur de la Bourse, s'il avait lieu, d'après
« le prix qu'y vaudraient les 3 p. 100 nouveaux.

ART. II.

« Ces inscriptions seront estampillées, et ne pourront
« être vendues que de cette manière, ainsi qu'il est dit ci-
« dessus.

ART. III.

« La Caisse d'amortissement réglera ses achats journa-
« liers d'après l'état mensuel des demandes de rembourse-

Ce serait, dira-t-on, rendre la mesure impro-
ductive. Eh ! sans doute, puisque le mieux serait
de l'écarter comme illégale.

Espérons qu'une si grande déviation des principes de crédit, d'humanité et de conciliation, pro-
fessés depuis le retour du roi jusqu'à ce moment,
n'aura pas lieu ; qu'une époque de joie, de prospérités et d'oubli, n'en sera pas une de deuil et
de récrimination, et que la prière de deux cent
mille familles au Roi sera exaucée, lorsqu'ils s'é-
crient dans leurs justes réclamations :

« Père de la patrie, ne permettez pas que l'ai-
« sance d'une grande partie de vos plus fidèles
« sujets soit diminuée au profit et pour grossir
« encore les énormes richesses des Samuel Ber-
« nard modernes, tant nationaux qu'étrangers. »

« ment : à cet effet, les titulaires lui remettront, dans les
« quinze jours précédens, un bordereau, signé et justifié,
« des rentes qu'ils seront dans l'intention d'aliéner au Gou-
« vernement, en cinq pour cent, au taux de 100 f. pour 5 f.
« de rente, ou au cours moyen inférieur desdits quinze
« jours précédens.

Art. IV.

« Le bénéfice de cette exception vaudra aux veuves, fils,
« petits-fils et beaux-fils des titulaires. »

D'autres mesures d'ordre équivalentes seraient prises
pour opérer ces remboursemens.

POST-SCRIPTUM.

Cet ouvrage était composé dès la fin de mars, et sous presse avant que la proposition de la loi de réduction ait été présentée à la Chambre des Députés. Si quelque chose, dans cet intervalle, avait pu ébranler notre conviction et nous donner de l'appréhension sur l'à-propos et le mérite de nos critiques, nous osons dire que la lecture du discours de Son Excellence Monseigneur le Ministre des Finances nous raffermirait sur les jugemens que nous énonçons dans notre écrit, et nous maintiendrait dans la résolution que nous avons prise de le publier.

Les nouveaux développemens qui viennent à l'appui de la proposition sont loin de répondre à l'idée de la haute sagesse qui doit toujours distinguer les motifs des projets de lois, et s'y manifester, et qu'on devait attendre, surtout, de l'éminente sagacité de Son Excellence : nouvelle preuve d'un vice inhérent à la mesure que toute la dialectique possible ne peut rendre justifiable.

Quelques lignes seulement nous sont donc encore nécessaires pour communiquer à l'esprit du lecteur cette vive et nouvelle impression que fait sur le nôtre l'incohérence et les contradictions des motifs allégués par le Gouvernement. C'est dans de telles occasions qu'il faut se féliciter du bienfait de nos institutions, et en particulier de celui de la liberté de la presse dont nous jouissons si éminemment.

Les principales raisons du ministère, à l'appui du projet de loi, se réfutent d'elles-mêmes :

L'établissement de la Caisse-d'amortissement, loin d'être une preuve du droit de rembourse-ment, en est la preuve contraire. C'est un mode *volontaire* qui y supplée entièrement, nous l'a-vons dit.

Les achats de ladite Caisse, loin de se faire à l'avenir à un plus bas prix, se feront, au moins, à un cours aussi élevé. La preuve n'a pas besoin d'être donnée. Elle est renfermée dans le but même de la mesure proposée ; elle est dans les chiffres : car, à quelque prix qu'on évalue les 5 p. 100, ils correspondront toujours aux 5 p. 100, et le ministre nous dit lui-même que les premiers acquerront une plus grande valeur. Or, comment la Caisse d'amortissement achètera-t-elle à meilleur marché ?

En diminuant sa dotation, et réduisant ses moyens, on ne détruit pas ses bons effets. Rappelons-nous qu'elle a commencé, il y a 7 ans, avec quarante millions, et qu'elle a racheté dans cet espace de temps, plus de vingt millions de rentes avec cette somme (1). Il s'agit seulement de la coordonner avec les besoins du moment et avec la masse des 5 p. 100 flottans.

La raison que les joueurs à la baisse auraient le champ plus libre, n'est d'aucun poids, puisqu'il ne s'agirait pas de la supprimer; car il y a un milieu entre deux extrêmes. Au contraire, tous les nouveaux fonds publics, se retrouvant spontanément sur la place, quelle plus forte raison de craindre le flux et le reflux des variations !

L'objection que les 5 p. 100 seraient sur le point de ne plus se présenter au rachat, s'applique également aux 3 p. 100 nouveaux ; leur prix et leurs cours éventuels devant se correspondre , et le motif de les garder applicable aux uns et aux autres.

Faire valoir à l'appui de la mesure, le bénéfice que retireront les détenteurs par l'augmentation de leur capital en 3 p. 100, me semble si étonnant, que le respect nous empêche de le qualifier.

---

(1) On voit que nous faisons une large part pour les rentrées provenant des bois.

N'est-il pas clair que les 5 p. 100 donneront plus tôt, et plus sûrement, le même avantage?

Enfin, de tous les motifs invoqués par Son Excellence, il n'y en a pas de plus concluant que le bénéfice annuel de vingt-huit millions. Cela n'est pas contesté; mais cela est illégal et odieux et non profitable aux contribuables; et partant

NOS REMARQUES SUBSISTENT.

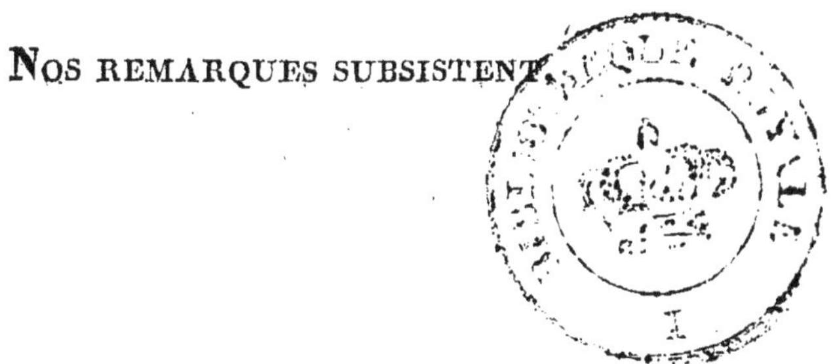

FIN.

PARIS. — De l'Imprimerie d'A. EGRON, rue des Noyers, n° 37.